Género No ficción

I0799953

Pregunta esencial

¿Cómo se mueve tu cuerpo?

Saltar y correr

Carmen Delfino

Capítulo 1
¿Te gustan estos deportes?

¿Qué hace ella?

Ella salta muy alto. Salta en el aire. Usa los brazos y las piernas para saltar.

¡Yo también puedo saltar!

Mi amigo y yo jugamos a saltar.
Saltamos sin parar bajo el sol.

Me gusta saltar en el parque.

¿Y qué hace ella?

Por la mañana, sale a correr
en la pista.

Corre rápido para llegar a la meta.

¡A mí también me gusta correr!

Corro con mi amigo en el pasto del parque. ¡También en el patio de la escuela!

Usamos las dos piernas para correr. La meta es el árbol más alto del parque.

Capítulo 2

¿Puedes hacerlo?

¿Y qué hace ella?

Ella para la pelota. La pisa, la patea y la pasa. Como no puede usar las manos, usa los pies. También puede usar la cabeza para meter goles.

¡Mira cómo la pasa!

Yo también juego a la pelota, pero no la paso.

La paro con las manos para que no pase.

El juego está empatado: ¡dos a dos!

¿Y qué hace él? Él levanta pesas.

Toma la pesa que está en el piso
y la sube.

Usa la fuerza de las manos,
los brazos y las piernas.

Debo tener mucha fuerza para mover esa pesa.

Si es muy pesada, no la puedo mover.

¡Necesito ayuda para levantarla!

Todas las mañanas salto, corro y juego en la escuela. También me gusta saltar, correr y jugar en el parque. ¡Me encanta!

¿Y a ti qué te gusta más?
¿Saltar, correr, jugar a la pelota o levantar pesas?

Respuesta a la lectura

Volver a contar

Vuelve a contar detalles del texto con tus propias palabras.

Detalle	Detalle	Detalle

Evidencia en el texto

1. Mira la página 2. ¿Qué partes del cuerpo usa la niña para saltar? **Detalles clave**

2. Mira la página 6. ¿Qué partes del cuerpo usa la niña para jugar? **Detalles clave**

3. ¿Cómo sabes que *Saltar y correr* es no ficción? **Género**

Género **No ficción**

Compara los textos

Lee para aprender cómo jugar al fútbol.

¡Pasa la pelota!

Erik Isakson/Blend Images/Getty Images

Reglas básicas del fútbol:

1. En cada equipo somos 11 jugadores. Hay delanteros, defensores y un portero.

2. No puedes tomar, mover ni pasar la pelota con la mano. ¡Solo puedes patearla con el pie o darle con la cabeza!

3. ¡Solo el portero puede tomar la pelota con la mano! También puede usar los pies y la cabeza.

Los jugadores usan un equipo especial.

Haz conexiones

Observa ambos textos. ¿Qué partes del cuerpo debe mover un jugador de fútbol? **El texto y otros textos**

Enfoque: Ciencias

Propósito Descubrir cómo te mueves cuando haces ejercicio

Paso a paso

Paso 1 Piensa en un deporte.

Paso 2 Dibújate practicando ese deporte. Escribe una oración que describa cómo te mueves cuando lo practicas.

Paso 3 Muestra tu dibujo a tus compañeros.

Conclusión ¿Qué partes del cuerpo te ayudan a practicar ese deporte?